mi casa · my house

George Ancona

With Alma Flor Ada and F. Isabel Campoy

Children's Press® A Division of Scholastic Inc.

New York · Toronto · London · Auckland · Sydney · Mexico City · New Delhi · Hong Kong · Danbury, Connecticut

To Dick Keiss

My thanks go to Dick Keiss, who introduced me to
Armando Rodriguez. And to the Rodriguez family,
who invited me in with warmth and good humor and
said goodbye to a friend.

Gracias,
G.A.

Library of Congress Cataloging-in-Publication Data

Ancona, George.
Mi casa = My house / George Ancona.
    p. cm.
ISBN 0-516-23688-1 (lib. bdg.)   0-516-25065-5 (pbk.)
1. Mexican Americans—Oregon—Social life and customs—Juvenile literature. 2. Rodriguez family—Juvenile
literature. 3. Mexican Americans—Oregon—Biography—Juvenile literature. 4. Mexican American children—
Oregon—Biography—Juvenile literature. 5. Ranch life—Oregon—Juvenile literature. 6. Oregon—Social life
and customs—Juvenile literature.   I. Title: My house. II. Title.

F885.M5A53 2004   305.868'720795—dc22   2004005318

© 2004 by George Ancona
Drawings by Araceli: Cover, page 5, page 13; Armando: page 13; Marina: page 4; Daisy: page 4
Photographs © 2004 by George Ancona
Published in 2004 by Children's Press, an imprint of Scholastic Library Publishing.
Published simultaneously in Canada.
Printed in the United States of America.
1 2 3 4 5 6 7 8 9 10 R 13 12 11 10 09 08 07 06 05 04

La casa es para las personas lo que el nido es para los pájaros. Los sueños de los padres de Araceli cuando salieron de México se están convirtiendo en realidad en su casa en Oregon. Todos ellos me acogieron y yo me sentí rodeado de amistad. Araceli, su hermano y sus hermanas me llevaron a ver el granero y todos los animales. Pronto me sentí parte de la familia.

What a nest is to birds, a house is to people. The dreams of Araceli's parents when they left Mexico are coming true in their house in Oregon. They welcomed me and I felt surrounded by friendship. Araceli, and her brother and sisters took me to see the barn and all the animals. Soon I felt like part of the family.

George Ancona

Mi nombre es Araceli.

Mi casa está en un rancho.

Vivo allí con mi familia.

Los animales viven en el granero.

My name is Araceli.

My house is on a ranch.

I live there with my family.

The animals live in the barn.

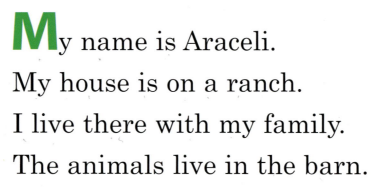

Alejandra es mi hermana mayor.

Tiene dieciocho años.

Estudia en la universidad.

Hace pasteles para ganar dinero.

Alejandra is my older sister.

She is eighteen years old.

She goes to college.

She bakes cakes to earn money.

Esta es mi hermanita,
Daisy, con nuestro perro, Boy.
Me gusta leerle cuentos a Daisy.
Mi familia tuvo un
accidente de carro.
Daisy se lastimó un ojo.

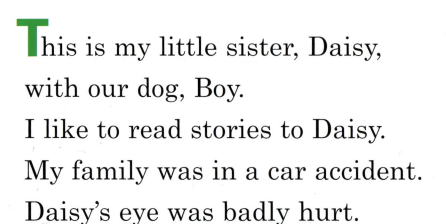

This is my little sister, Daisy,
with our dog, Boy.
I like to read stories to Daisy.
My family was in a car accident.
Daisy's eye was badly hurt.

Mi otra hermana es Marina.
Ella no puede oír.
Toda la familia está aprendiendo
a hablar por señas.
Marina y yo podemos hablar
por señas por largo rato.

My other sister is Marina.
She cannot hear.
The whole family is learning
sign language.
Marina and I can sign
for a long time.

A mi hermano, Armando Jr.,
le gustan los animales.
Criamos becerros,
borregos y chivos.
Él carga un cabrito
que perdió a su mamá.

My brother, Armando Jr.,
loves animals.
We raise calves,
sheep, and goats.
He is carrying a kid that
has lost its mother.

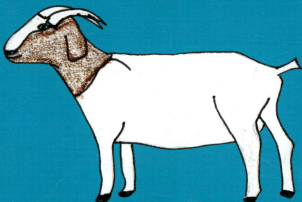

Todos trabajamos duro
en el rancho.
Yo barro el piso.
Marina, Daisy y yo damos
leche a los becerros
en botellas grandes.

We all work hard
on the ranch.
I sweep the floor.
Marina, Daisy, and I
feed the calves milk
with big bottles.

También tenemos gallinas
en el granero.
Marina y yo damos de comer
a las gallinas.
Luego buscamos sus huevos.
Algunas veces los ponen
en lugares inesperados.

We keep chickens
in the barn, too.
Marina and I feed
the chickens.
Then we look for their eggs.
Sometimes they lay
them in unusual places.

Los domingos vamos a la iglesia.
Después almorzamos.
Siempre comemos tortillas calientitas.
Casi todo lo que comemos viene de
nuestra huerta.

On Sundays we go to church.
Then we have lunch.
We always eat warm tortillas.
Most of our food comes
from our garden.

Mi madre trabaja en su huerta. Cultiva maíz y también cultiva nopales. Este cactus es muy sabroso.

My mother works in her garden. She raises corn and she grows nopales too. This cactus is very good to eat.

Escribí una tarjeta para mi papá.
Dibujé un corazón grande
y le dije lo mucho que lo quería.

I wrote a card for my father.
I drew a great big heart and told
him how much I loved him.

Mi casa es donde trabajamos
para realizar nuestros sueños.

My house is where we work
to make our dreams come true.

La historia de la familia

Cuando Armando Rodríguez tenía quince años partió de México, para ir a los Estados Unidos. Fue a Los Ángeles para vivir con su abuela. Al cabo de unos años, volvió a México para casarse con Marina y juntos regresaron a California donde nacieron Alejandra y Armando. Después fueron a Oregón donde el señor Rodríguez trabajó como albañil. Durante esos años nacieron Marina, Araceli y Daisy.

El sueño del señor Rodríguez era tener un rancho. Después de muchos años de trabajo, lo pudo comprar. También recibió su ciudadanía estadounidense. Hoy en día trabaja como conserje de escuela y regresa al rancho para criar los animales. El señor y la señora Rodríguez quieren que sus hijos crezcan en el campo y que vayan a la universidad.

Family History

When Armando Rodriguez was fifteen, he left Mexico to enter the United States. He went to Los Angeles to live with his grandmother. After a few years he returned to Mexico to marry Marina. The couple came back to California where Alejandra and Armando were born. Then they went to Oregon, where Mr. Rodriguez worked as a mason. During those years, Marina, Araceli, and Daisy were born.

It was Mr. Rodriguez's dream to own a ranch. After many years of hard work, he was able to buy one. He also became a citizen of the United States. Today he works as a custodian in a school and then cares for the animals at home. Mr. and Mrs. Rodriguez want to raise their children in the country and see them go to college.

Oregon

United States of America

Los Angeles

Mexico

ATLANTIC OCEAN

Spain

Cuba

Haiti

Puerto Rico

Belize
Honduras

Dominican Republic

CARIBBEAN SEA

Guatemala

Nicaragua

El Salvador

Africa

Panama

Venezuela

Columbia

Ecuador

Brazil

Peru

Bolivia

PACIFIC OCEAN

Paraguay

Chile

Argentina

Uruguay

Los países de habla hispana
Spanish-speaking countries

El viaje de los Rodriguez
The Rodriguez's journey

México es el país que queda
al sur de los Estados Unidos.

Mexico is the country that lies
south of the United States.

27

Palabras en inglés = **Words in English**

animal = animal

becerro = calf

casa = house

chivo = goat

comida = food

familia = family

granero = barn

hermana = sister

hermano = brother

huerta = vegetable garden

huevo = egg

Palabras en inglés = Words in English

jardín = garden

madre = mother

maíz, elote = corn

oveja = sheep

padre = father

pastel, tarta, torta = cake

perro = dog

piso = floor

pollo = chicken

rancho = ranch

vaca = cow

Somos Latinos

Antes de la llegada de los europeos a América, no había en este continente muchos de los animales que conocemos hoy.

Los españoles trajeron a estas tierras vacas, caballos, ovejas, cabras, gallinas y otros tipos de aves. Antes de traerlos, seleccionaban cada animal con mucho cuidado porque sabían que el viaje era largo y difícil y dependían de estos animales para sobrevivir en las nuevas tierras.

Los españoles se dedicaban a la cría de ganado desde la época de los romanos. Ellos trajeron a América sus conocimientos de ganadería. Además, eran jinetes excelentes y sabían mucho de la cría de caballos.

Muchas familias vinieron del norte de México y construyeron sus ranchos en lo que es ahora el sudoeste de Estados Unidos. Trajeron consigo caballos y gran cantidad de ganado. Hoy en día, hay familias mexicanas que continúan viajando hacia el norte. Muchas de ellas trabajan en las tierras en las que se establecieron sus antepasados hace muchos años.

We Are Latinos

When Europeans first arrived in the Americas, there was no livestock—cows, horses, sheep, goats, or hens—on this continent.

It was the Spanish who brought horses and cattle, sheep and goats, and different kinds of fowl to their new land. They picked each animal they would bring with them very carefully. They knew the journey would be long and difficult. And once they arrived in their new home, their survival would depend on their livestock.

Since the time of the Roman Empire, Spain had been the cattle country of Europe. The Spanish brought their skill at raising cattle to the Americas. They were also excellent horsemen and horse breeders.

Families came north from Mexico to build ranches in what is now the southwestern United States. They brought horses and large herds of cattle with them. Mexican families continue to travel north today. Many of them now work on the land their ancestors settled long ago.

Sobre el autor

George Ancona nació en Nueva York, a donde sus padres emigraron, desde México. La familia sólo hablaba español en casa. Aprendió inglés con los chamacos del vecindario. Le gustaba dibujar. Su papá era fotógrafo y Jorge aprendió a usar la cámara. Ahora viaja a lugares distantes para conocer gente, retratarlos y escribir libros infantiles sobre ellos.

About the Author

George Ancona was born in New York City. His parents emigrated there from Mexico. His family spoke only Spanish at home. He learned English from the neighborhood kids. He liked to draw pictures. His father was a photographer, and George learned to use a camera. Today he travels to faraway places to meet people, take their pictures, and write children's books about them.

Sobre Alma Flor Ada y F. Isabel Campoy

Alma Flor e Isabel han escrito juntas más de setenta libros—biografías, obras de teatro, poesía, cuentos tradicionales, libros sobre arte y sobre los países de habla hispana y su cultura.

Como les gusta mucho escribir tratan de convencer a los demás de que ellos también pueden hacerlo. Su libro *Authors in the Classroom* invita a maestros, alumnos y padres a convertirse en autores.

About Alma Flor Ada and F. Isabel Campoy

Alma Flor and Isabel have written over seventy books together—biographies, plays, poetry, folktales, and books about art and Spanish-speaking countries and their cultures.

Because they enjoy writing so much they try to convince everyone that they can write too. Their book, *Authors in the Classroom,* invites teachers, students, and parents to become authors.